So einfach kannst du Bücher mit Ting lesen und hören:

1. Zum Einschalten drückst du 2 Sekunden lang diesen Knopf. Wenn es geklappt hat, hörst du einen kurzen Ton.

2. Danach tippst du mit der Spitze von TING auf den Punkt im inneren Kreis. Wieder hörst du einen kurzen Ton. Das machst du bei jedem neuen Buch wieder genauso.

3. Los geht's. Jetzt kannst du mit TING dieses Buch lesen und wirst schöne Überraschungen erleben.

Hinweis: Wenn du mehr über TING und weitere TING-Bücher wissen möchtest, frag einfach im Buchhandel oder schau im Internet unter www.ting.eu

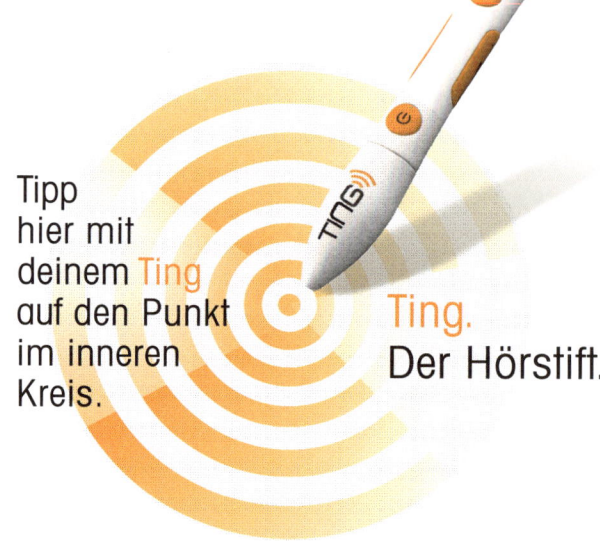

Tipp hier mit deinem Ting auf den Punkt im inneren Kreis.

Ting.
Der Hörstift.

Bastelabenteuer
auf dem Bauernhof

Hast du Lust, mich auf meinem spannenden Ausflug zu begleiten? Prima, dann nichts wie los! Unterwegs treffen wir viele neue Freunde, mit denen wir spielen können!

Inhalt

Der sprechende Stift – So geht's!

Weißt du, dass du ein ganz besonderes Buch in Händen hältst? Das ist nämlich ein sprechendes Buch! Und wie du es zum Sprechen bringst? Na, dazu brauchst du deinen ting-Stift. Und was du mit dem alles entdecken kannst, das zeige ich dir hier!

Ganz vorne in deinem Buch kannst du deinen Stift aktivieren. Halte seine Spitze auf dieses Zeichen und schon werden alle Texte und Geräusche für dieses Buch auf deinen Stift geladen. Jetzt kannst du loslegen.

Tipp hier mit deinem Ting auf den Punkt im inneren Kreis.

Ting. Der Hörstift.

Wenn du den Stift auf diese Texte hältst, erfährst du eine Menge spannender Dinge. Oder weißt du etwa schon, warum Katzen immer auf den Pfoten landen?

Hier kannst du dir meine Geschichte anhören. Ich bin immer auf der Suche nach neuen Abenteuern und du kannst dabei sein. So eine Entdeckungstour über den Bauernhof macht zu zweit doch viel mehr Spaß!

Geschichte

Mit Kater Moritz durch die Scheune

„Ui! Deine Krallen sehen echt gefährlich aus!" Fips ist schwer beeindruckt. Neugierig beschnuppern sich der kleine Kater Moritz und das Ferkel. „Sollen wir zusammen eine Runde durch die Scheune drehen?"

Kuschelkatze oder Raubtier?

Mit vielen Katzen kannst du spielen und kuscheln. Trotzdem sind es richtige Raubtiere! Sie sind Fleischfresser und haben lange spitze Zähne. An ihren Pfoten haben sie scharfe Krallen, die sie ausfahren können. In der Dämmerung gehen die Stubentiger auf die Jagd. Sie fangen Mäuse und andere kleine Tiere. Leise schleichen sie sich an ihre Beute heran. Dann packen sie diese blitzschnell und beißen zu.

Landen Katzen immer auf den Pfoten?

Katzen sind geschickte Kletterer. Wenn sie auf einen Baum klettern, halten sie sich mit ihren spitzen Krallen an der Rinde fest. Und Katzen können sehr gut springen! Stürzen sie einmal ab, macht das auch nichts: Blitzschnell können sie sich im Flug drehen und landen deshalb immer auf den Pfoten.

Wie werden Katzenkinder größer?

Eine Katzenmutter bekommt oft sechs oder mehr Jungen auf einmal. Kurz nach der Geburt sind die kleinen Katzen noch blind und taub. Erst nach sechs Tagen öffnen sie die Augen. Wenn sie nicht schlafen, trinken sie Milch bei der Mutter. Nach einiger Zeit werden die Katzenkinder aber richtig munter: Sie spielen und balgen miteinander und erkunden neugierig ihre Umgebung.

So bastelst du Kater Moritz und seine Geschwister!

Kater Moritz und seine Geschwister sind immer in Aktion. Sie spielen und balgen sich den ganzen Tag. Möchtest Du dir auch eine Katzenfamilie basteln? Dann blätter um und los geht's!

Auch die Bilder in diesem Buch können sprechen! Wenn du mit deinem Stift nachforschst, kannst du die flinke Katze hier miauen hören.

In jedem der großen Bilder steckt ein kleines Hörquiz für dich. Wo genau, das findest du bestimmt schnell heraus. Die Auflösung gibt es dann am Ende deines Buches.

Hier kannst du dir Schritt für Schritt die Bastelanleitungen anhören: Auf dieser Seite erfährst du zum Beispiel, wie du aus Papier und ein paar einfachen weiteren „Zutaten" eine Katzenfamilie bastelst.

Alle Tiere, die wir auf unserer Abenteuerreise besuchen, kannst du übrigens nachbasteln. Auch mich natürlich. Die Anleitungen dazu findest du auf den Bastelseiten. Und, na klar, auch diese Seiten können sprechen.

Halte deinen Stift ganz links auf die Liste und du erfährst, was du zum Basteln alles brauchst.

Natürlich können auch die gebastelten Tiere sprechen. Probier das mit deinem Stift doch einfach mal aus!

Du denkst, für ein Spiel braucht man einen Würfel? Dann pack mal das Spieleposter hinten in deinem Buch aus. Wenn du mit dem Stift auf die einzelnen Felder gehst, kannst du hören, was du zu tun hast. Kannst du vorrücken oder musst du einmal aussetzen? Mit ein paar Freunden macht es natürlich noch viel mehr Spaß. Und die gebastelten Tieren kannst du auf die „Spielweide" stellen!

5

Das Abenteuer beginnt

Als Fips am Morgen aufwacht, ist es im Schweinestall noch dunkel. Nur durch einen Spalt zwischen den Holzlatten fällt etwas Licht – genau auf den Rüssel des kleinen Ferkels. „Uaaaaah!", gähnt Fips. Noch ganz verschlafen streckt er seine Hufen aus und reibt sich die Augen. „Mama? Bist du wach?" Nichts rührt sich. Fips Mama und alle neun Geschwister schlafen tief und fest. Auch draußen ist noch alles ruhig. Nicht mal der Hahn hat gekräht. Dabei ist der meist als Erster wach! Neugierig steckt Fips seinen Kopf durch den Lattenspalt. Ob er da wohl durchpasst? Vorsichtig zwängt er sich durch die Lücke und …

Ab durch die Mitte!

… geschafft! Fips trabt zur Stalltür und schaut hinaus. Was es da alles zu entdecken gibt! Mit seinen Geschwistern hat Fips schon oft draußen im Schlamm gespielt. Alleine war er allerdings noch nie auf dem Hof unterwegs. Etwas mulmig ist ihm jetzt schon – aber neugierig ist er auch! Da legt plötzlich der Hahn los und kräht, was das Zeug hält. Fips atmet tief durch: Nichts wie los, bevor die anderen aufwachen!

Aufregung im Schweinestall

Kaum ist Fips um die Ecke verschwunden, kommt Bauer Bolke über den Hof gestapft. Wie jeden Morgen will er vor dem Frühstück noch die Kühe melken. Doch heute hört er schon von Weitem das aufgeregte Grunzen der Schweinemutter. „Nanu, was ist denn da los?", murmelt er überrascht. Schnurstracks marschiert er in den Schweinestall. Inzwischen sind auch die neun anderen Ferkel aufgewacht. Aufgekratzt toben sie durch das Stroh. „Eins, zwei, drei, vier,

fünf, sechs, sieben, acht, neun ....." Bauer Bolke stutzt und zählt gleich noch einmal nach. „Da fehlt ja ein Ferkel!" Auch Fips' Mutter ist ratlos. Wo ist denn der Racker nur hin? Ihr Kleinster hat immer nur Unsinn im Kopf! Seufzend schüttelt Bauer Bolke den Kopf: „Da bleibt mir wohl nichts anderes übrig, als den kleinen Ausreißer zu suchen!"

Im Hühnerhaus von Henning, dem Hahn

„He, du!", ruft Fips und flitzt schnell zum Hühnerhaus. „Du kannst aufhören zu krähen! Der ganze Hof ist wach!" Neugierig schaut das kleine Ferkel sich um. „Darf ich mal in euer Haus gucken?" „Na, meinetwegen!", gackert Henning, der Hahn. „Aber erschreck' die brütenden Hennen nicht!"

Warum kräht ein Hahn?

Zu einer Hühnergruppe gehören viele Hennen, aber nur ein Hahn. Ihn kannst du leicht an seinem prächtigen Federkleid und seinen langen Schwanzfedern erkennen. Außerdem hat er einen kräftigen Schnabel und einen spitzen Sporn am Bein. Damit kann er sich gut gegen Angreifer wehren. Der Hahn sorgt für Nachwuchs und verteidigt die Hennen bei Gefahr. Er kräht übrigens nicht nur morgens. Auch tagsüber ist er zu hören. Sein Ruf schallt kilometerweit! Und warum tut er das? Mit dem lauten Gekrähe macht er anderen Hähnen in der Nähe klar, dass dies sein Revier und seine Hennen sind!

Wie schlüpft ein Küken?

Erst wenn das Ei vom Hahn befruchtet wird, kann daraus ein Küken schlüpfen. Die Henne legt das Ei in ein Nest und setzt sich darauf. Mit ihrem dicken Gefieder wärmt und schützt sie es. Nach etwa 21 Tagen ist es soweit: Das Küken schlüpft. Auf seinem Schnabel hat es eine kleine Spitze, den Eizahn. Damit zerbricht es die Schale. Kaum ist es aus dem Ei geklettert, kann das Küken schon laufen und Körner picken.

Wie gehen Hühner schlafen?

Die Vorfahren unserer Hühner waren Waldbewohner. Sie schliefen auf Bäumen, denn so waren sie besser vor Feinden geschützt. Auch Haushühner suchen sich oft einen höhergelegenen Schlafplatz. Im Hühnerstall schlafen sie gerne auf einer Stange. Mit ihren vier Krallen klammern sie sich daran fest. Und sie lassen auch dann nicht los, wenn sie eingeschlafen sind!

So bastelst du Hennings Hühnerschar!

Zur Hühnerschar von Henning, dem Hahn, gehören eine Menge Hennen und Küken. Blätter also schnell um! Dann erfährst du, wie du eine ganze Hühnerfamilie basteln kannst.

Bastel dir einen Hahn ...

... und seine ganze Familie. Kikeriki!

Material:
- Fotokartonreste in Gelb und Rot
- Papier in Weiß
- Regenbogenkartonrest
- ausgeblasene Hühnereier
- Buntstift in Gelb
- dünner Filzstift in Schwarz
- Acrylfarbe in Gelb

Die Vorlagen findest du auf Seite 42.

a.   *b.*   *c.*

1 Schneide für jedes Huhn einen 1,5 cm breiten und 12 cm langen Streifen aus gelbem Fotokarton aus und klebe ihn zu einem Ring zusammen.

Übertrage die Füße auf gelbes Tonpapier, schneide sie aus und knicke sie an der Markierung. Klebe sie von innen am Ring fest.

2 Übertrage das Federkleid und den Schwanz auf weißes oder regenbogenfarbenes Papier. Dann noch Kamm und Schnabel auf rotes Tonpapier übertragen.

Schneide alle Einzelteile aus. Male den Schnabel mit gelbem Buntstift aus.

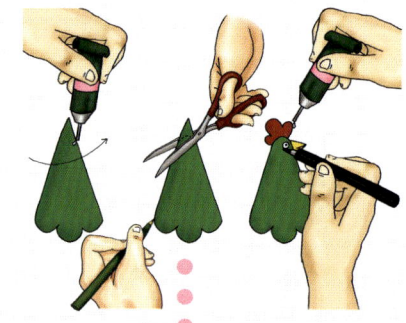

3 Klebe das Federkleid zu einem Hütchen zusammen.

Zeichne den Bogen auf das Hütchen ein und schneide ihn ab.

Klebe das Schnabel-Kamm-Teil ein und male Hahn oder Henne noch Augen auf.

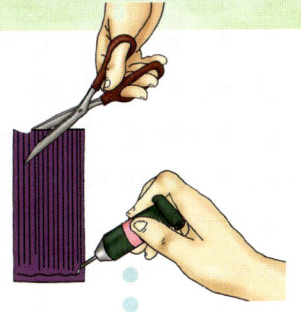

4 Schneide beim Hahn den Schwanz in lange Streifen. Pass aber auf, dass du sie nicht ganz durchtrennst.

5 Klebe das Ei etwas schräg auf den Fußring. Befestige das Federkleid und den Schwanz mit Klebstoff am Ei.

6 Für das Küken malst du das Ei gelb an, lässt die Farbe trocknen und malst Augen und Schnabel auf.

Klebe am Ende den Kamm auf den Kopf und das Küken auf den Fußring. Fertig!

„Wer tobt denn dahinten durch das Stroh? Ach so, das sind die Katzenkinder! Ob die mich wohl mitspielen lassen?"

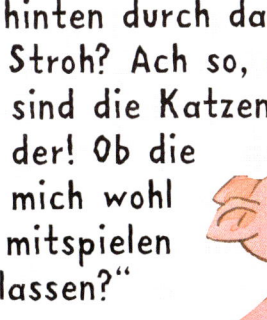

Mit Kater Moritz durch die Scheune

„Ui! Deine Krallen sehen echt gefährlich aus!" Fips ist schwer beeindruckt. Neugierig beschnuppern sich der kleine Kater Moritz und das Ferkel. „Sollen wir zusammen eine Runde durch die Scheune drehen?"

Kuschelkatze oder Raubtier?

Mit vielen Katzen kannst du spielen und kuscheln. Trotzdem sind es richtige Raubtiere! Sie sind Fleischfresser und haben lange spitze Zähne. An ihren Pfoten haben sie scharfe Krallen, die sie ausfahren können. In der Dämmerung gehen die Stubentiger auf die Jagd. Sie fangen Mäuse und andere kleine Tiere. Leise schleichen sie sich an ihre Beute heran. Dann packen sie diese blitzschnell und beißen zu.

Landen Katzen immer auf den Pfoten?

Katzen sind geschickte Kletterer. Wenn sie auf einen Baum klettern, halten sie sich mit ihren spitzen Krallen an der Rinde fest. Und Katzen können sehr gut springen! Stürzen sie einmal ab, macht das auch nichts: Blitzschnell können sie sich im Flug drehen und landen deshalb immer auf den Pfoten.

Wie werden Katzenkinder größer?

Eine Katzenmutter bekommt oft sechs oder mehr Junge auf einmal. Kurz nach der Geburt sind die kleinen Katzen noch blind und taub. Erst nach sechs Tagen öffnen sie die Augen. Wenn sie nicht schlafen, trinken sie Milch bei der Mutter. Nach einiger Zeit werden die Katzenkinder aber richtig munter: Sie spielen und balgen miteinander und erkunden neugierig ihre Umgebung.

So bastelst du Kater Moritz und seine Geschwister!

Kater Moritz und seine Geschwister sind immer in Aktion. Sie spielen und balgen sich den ganzen Tag. Möchtest Du dir auch eine Katzenfamilie basteln? Dann blätter um und los geht's!

13

Bastel dir eine Katze ...

... und ihre ganze Familie!

Material weiße Katze:
- Fotokartonrest
- Pompon in Rot, Durchmesser 8 mm
- Chenilledraht, ca. 10 cm lang
- dünner Filzstift in Schwarz

Material schwarze Katze:
- Tonpapierreste in Schwarz
- Buntstift in Weiß

Die Vorlagen findest du auf Seite 43.

So geht die weiße Katze:

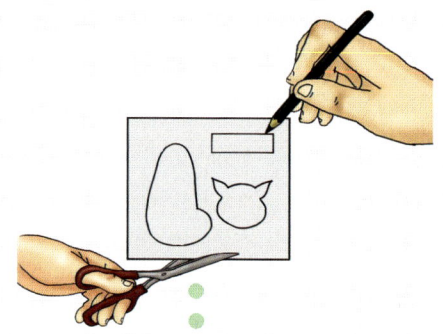

1 Übertrage Kopf, Körper und Standbein auf Fotokarton und schneide alle Teile aus.

2 Klebe die Nase auf und male das Gesicht auf.

Klebe den Kopf auf den Körper und den Schwanz auf die Rückseite. Biege ihn zurecht.

3 Knicke das Standteil an der Markierung ein und klebe es auf der Rückseite an. Jetzt kannst du die Katze aufstellen. Prima, so einfach geht das!

TIPP Katzen gibt es in ganz unterschiedlichen Farben, zum Beispiel weiß mit rotem Tigermuster oder mit schwarzen Flecken. Vielleicht hast du ja sogar selbst eine zu Hause? Oder hat einer deiner Freunde eine Katze? Dann male deine gebastelte Katze doch nach diesen Mustern an!

So geht die schwarze Katze:

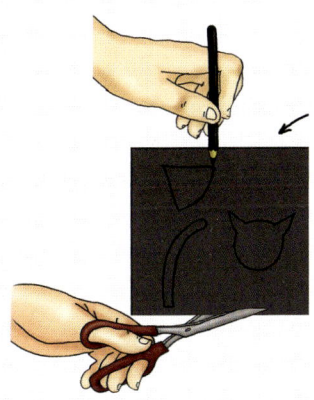

1 Übertrage den Katzenkopf, den Körper und den Schwanz auf schwarzes Tonpapier und schneide alle Teile aus.

2 Forme den Körper zu einem Kegel wie auf dem Bild und klebe die Enden zusammen.

3 Zeichne das Gesicht auf den Kopf und klebe diesen oben am Kegel mit Klebstoff fest. Klebe zuletzt den Schwanz unten an.

„Na so was!? Warum bellt Luchs denn so laut? Mal sehen, was da draußen auf dem Hof los ist!"

Pause bei Hofhund Luchs

„Hallo Luchs! Was bellst du denn so? Das ist doch nur der Nachbar!" Vom vielen Laufen hat Fips richtig Durst bekommen. „Bedien dich ruhig aus meinem Napf", brummt Luchs gutmütig. Das lässt sich Fips nicht zweimal sagen. „Dahinten kommt auch Welpe Toni. Was hat der denn schon wieder im Maul?"

Was macht ein Hofhund?

Der Hofhund hat eine wichtige Aufgabe: Er bewacht Tag und Nacht den Hof und beschützt die Bewohner. Wenn ein Fremder kommt, beginnt er zu bellen. So kann niemand unbemerkt das Gelände betreten. Er passt natürlich auch auf die anderen Bauernhoftiere auf und achtet darauf, dass nichts geklaut wird. Ein Hofhund muss deshalb immer die Ohren spitzen und aufmerksam sein!

Sehen alle Hunde gleich aus?

Nein, natürlich nicht, wirst du jetzt sagen. Aber hast du gewusst, dass es über 500 verschiedene Hunderassen auf der Welt gibt? Große und kleine, langhaarige und kurzhaarige, schwere und leichte. Auch das Fell kann ganz unterschiedliche Farben haben. Und alle haben andere Eigenschaften und Talente: Schäferhunde und Collies helfen den Schäfern beim Hüten der Herden. Der Spitz oder der Hovawart dagegen sind gute Hofhunde – so wie Luchs! Eines aber haben alle gemeinsam: Sie stammen vom Wolf ab.

Warum schnüffeln Hunde?

Hunde können sehr gut riechen. Sie nehmen auch ganz feine Gerüche auf, die wir Menschen gar nicht bemerken. Mit ihrer empfindlichen Nase erkunden Hunde die Umgebung. Sie riechen etwa die Spur eines Kaninchens. Oder sie erschnüffeln, ob jemand in der Nähe ist. Oft lecken sie mit ihrer Zunge über die Nase, um sie zu putzen. Deshalb ist sie auch meist feucht.

So bastelst du Luchs, den Hofhund!

Hunde sind schon seit langer Zeit treue Begleiter des Menschen. Auch Bauer Bolke und Hofhund Luchs sind beste Freunde! Du möchtest einen Hund basteln? Dann nichts wie umgeblättert und losgeklebt!

Bastel dir einen Hund …

… und seine Hütte. Wuff!

Material Hund:
- 2 kleine Quarkbecher in Orange
- Tonpapierreste in Orange und Schwarz
- Permanentmarker in Schwarz

Die Vorlagen findest du auf Seite 45.

Material Hundehütte:
- Fotokarton in Braun, 10 cm breit, 30 cm lang
- Fotokarton in Orange, 8,5 cm breit, 12 cm lang

Die Vorlagen findest du auf den Seiten 43–45.

So geht der Hund:

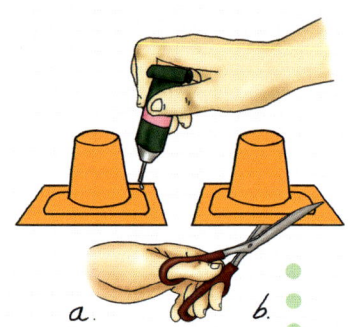

a.   b.

1 Klebe die Quarkbecher mit der Öffnung nach unten auf den orangefarbenen Tonpapierrest und schneide ihn an den Kanten entlang aus.

2 Dann klebst du die beiden Becher an den Seiten mit dem Tonpapier versetzt zusammen.

3 Knülle die Nase aus einem Stückchen schwarzem Tonpapier und klebe sie auf.

Übertrage Hinterbeine und Schwanz von der Vorlage auf orangefarbenes Tonpapier. Schneide sie aus und klebe sie auf.

4 Male das Gesicht und die Beine mit schwarzem Permanentmarker auf. Fertig!

TIPP Du kannst alle möglichen Plastikbecher und Pappschachteln sammeln und daraus verschiedene Tiere basteln.

So geht die Hütte:

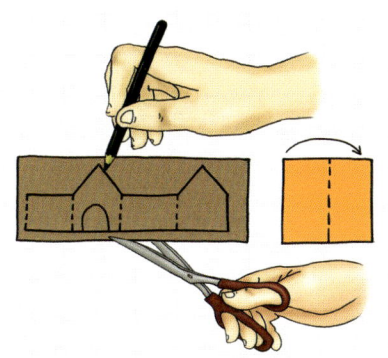

1 Übertrage die Hütte auf braunen, das Dach auf orangefarbenen Fotokarton.

Schneide beide Teile aus und falte das Dach einmal der Länge nach.

2 Falte die Hütte an den markierten Stellen, klebe sie zusammen und schreibe den Namen des Hundes über den Eingang.

Klebe zum Schluss das Dach auf die Hundehütte.

„Oje, Bauer Bolke ist im Anmarsch! Dann nichts wie weg hier ..."

Zu Besuch bei Käthe Kuh

„Ups, Tschuldigung!" Fast wäre Fips der Kuh Käthe über den Löwenzahn gerannt! Käthe guckt ganz erstaunt: „Warum flitzt du denn wie ein wild gewordenes Ferkel über die Weide?" Fips schnauft. „Ich versteck' mich vor Bauer Bolke. Verrat mich aber bitte nicht! Ich will mich noch umschauen!"

Kuh, Kalb oder Bulle?

Die Kuh ist ein weibliches Rind. Doch erst wenn sie Nachwuchs bekommen hat, nennt man sie so. Vorher heißt sie Färse. Ihr Junges ist das Kalb. Ein männliches Rind heißt Bulle oder Stier. Eine Kuh erkennst du an ihrem Euter mit den vier Zitzen. Bullen haben kein Euter. Den meisten Rindern, egal ob Kuh oder Bulle, wachsen übrigens Hörner. Doch da sie sich damit im Stall verletzen können, entfernt der Bauer sie oft.

Was fressen Rinder am liebsten?

Rinder fressen am liebsten frisches Gras, Kräuter und Pflanzen, wie zum Beispiel Löwenzahn oder Klee. Mit ihrer langen Zunge rupfen sie die Halme aus. Auch Heu, also getrocknetes Gras, Rüben, Mais und Getreide mögen sie gerne. Rinder fressen große Mengen auf einmal. Doch ihre Pflanzennahrung ist schwer zu verdauen. Deshalb würgen sie später die Mahlzeit in kleinen Portionen wieder hoch und kauen alles noch einmal gründlich durch. „Wiederkäuen" nennt man das.

Woher kommt die Milch?

Erst wenn eine Kuh ein Kalb bekommen hat, gibt sie Milch. Denn für ihre Jungen ist sie ja gedacht! Die Milch entsteht im Euter. Zum Trinken saugt das Kalb an den Zitzen. Wenn es keine Milch mehr braucht, melkt der Bauer die Kuh. Dazu benutzt er eine Melkmaschine, die an den Zitzen saugt – wie das Kalb! Ein Kühlfahrzeug holt die Milch ab und bringt sie zu einer Molkerei. Hier wird sie haltbar gemacht und in Tüten verpackt.

So bastelst du Käthe Kuh und ihre Herde!

Käthe Kuh fühlt sich in Gesellschaft am wohlsten. Na klar! Kühe sind ja auch Herdentiere! Dann mal nichts wie losgebastelt: Wie das Kühebasteln geht, steht auf der nächsten Seite.

Bastel dir eine Kuh ...

... und lass ihr Glöckchen klingen!

Material:

- leerer Tetrapak für Kondensmilch, ca. 8 cm breit, 10 cm hoch
- 2 leere Döschen für Kaffeesahne, Durchmesser 2 cm
- Fotokartonreste in Weiß und Hautfarbe
- weiße Acrylfarbe
- dünner Filzstift in Schwarz
- Buntstifte in Hellbraun und Rot
- Haushaltsschnur, ca. 6 cm lang
- Glöckchen, 1,5 cm lang

Die Vorlagen findest du auf Seite 44.

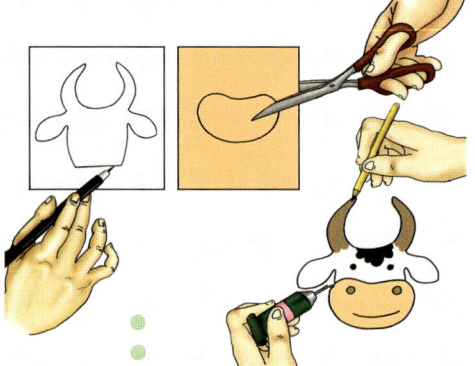

1 Zeichne den Kuhkopf auf weißen Fotokarton, die Schnauze auf hautfarbenen Karton und schneide alle Teile aus.

Zeichne das Gesicht und male die Hörner hellbraun aus.

2 Male den Milchkarton mit weißer Farbe an und lass die Farbe gut trocknen. Dann kannst du die schwarzen Flecken aufmalen.

3 Als Füße klebst du zwei Milchtöpfchen unten am Kuhkörper an.

Falte das Euter und klebe es unten an den Bauch.

4 Befestige den Kopf mit Klebstoff am Körper. Befestige die Glocke mit Klebestreifen hinter dem Kopf an der Schachtel.

Jetzt noch ein Stück Schnur als Schwanz ankleben und die Kuh ist fertig!

TIPP Male auf ein großes Stück Papier mit Wachsmalkreide, Buntstiften oder Wasserfarben eine saftige Weide und lass deine selbstgebastelten Kühe dort grasen.

„Hallo, ihr da! Was habt ihr denn für lustige weiße Locken? Die möchte ich mir gerne mal aus der Nähe anschauen."

23

Auf der Wiese mit Schaf Lola

„Oh, ist das weich!" Begeistert steckt Fips seinen Rüssel in Lolas Fell. Vorsichtig traut sich jetzt auch das kleine Lamm Leonie näher heran. So ein Tier wie das Ferkel hat es noch nie gesehen! „Hast du denn gar keine Haare? fragt es Fips erstaunt. „Na, klar doch!", antwortet er stolz. „Ich hab richtige Borsten! Aber wird es euch im Sommer nicht viel zu heiß unter dem Fell?"

Einzelgänger oder Herdentiere?

Schafe fühlen sich nur in Gesellschaft sicher und wohl. Tagsüber finden sie sich zu kleinen Gruppen in ihrer Herde zusammen. Und nachts schlafen sie alle eng aneinandergedrängt. Die meiste Zeit leben die Schafe auf der Weide, wo sie so viel Gras fressen können, wie sie wollen. Wenn die Weide nicht eingezäunt ist, passt ein Schäfer zusammen mit seinem Hütehund auf, dass die Schafe von dort nicht ausbüxen. Den Winter verbringen sie dann gemütlich im warmen Stall.

Wird Schafen im Sommer nicht zu heiß?

Schafe haben ein dichtes, weiches Fell. Es schützt sie prima bei Wind und Kälte. Wenn es

dann aber im Mai oder Juni draußen warm ist, werden die Tiere geschoren. Mit einer elektrischen Schermaschine befreit der Scherer die Schafe vorsichtig von ihrem Fell. Anschließend werden die Haare gewaschen, gekämmt, gefärbt und zu Wolle gesponnen. Und daraus wird dann zum Beispiel ein kuscheliger Pulli für dich gestrickt.

Geben Schafe Milch?

Wie die Kühe geben auch Schafe Milch, wenn sie ein Junges bekommen. Zuerst trinkt das Lamm an den Zitzen der Mutter. Erst wenn es größer geworden ist, frisst es Gras. Seit vielen Tausend Jahren nutzen aber auch wir Menschen die Schafsmilch. Daraus machen wir zum Beispiel leckeren Schafskäse oder Joghurt. Auf dem Bauernhof werden daher nicht nur Kühe, sondern auch Schafe gemolken.

So bastelst du Lola, Leonie und ihre Schafherde!

Aus Lolas Wolle lassen sich kuschelige Pullover und warme Socken stricken. Und aus Watte kannst du süße Schafe basteln. Wie das geht, erfährst du auf der nächsten Seite.

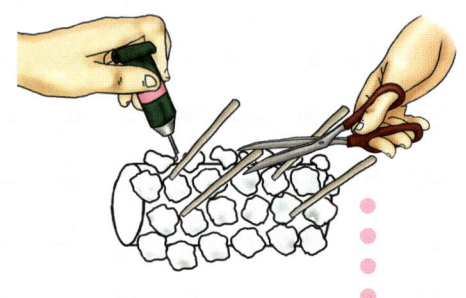

Bastel dir ein Schaf ...

... und streichel sein flauschiges Fell!

Material:

- Toilettenpapierrolle
- Watte
- 4 Zweigstücke, ca. 7 cm lang
- Fotokartonrest in Haut- farbe

Die Vorlagen findest du auf Seite 45.

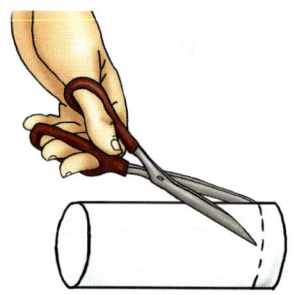

1 Schneide von der Toiletten- papierrolle ein Stück ab, sodass diese 8 cm lang ist.

2 Forme Kügelchen aus Watte und klebe sie rund um die Rolle.

3 Achtung! Jetzt muss dir ein Erwachsener helfen! Mit einer spitzen Schere vier Löcher für die Füße in die Rolle bohren.

Die Füße in die Löcher kleben.

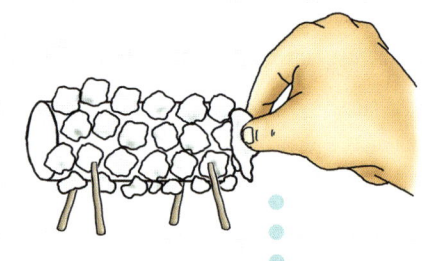

4 Jetzt kannst du die Rolle innen mit Watte ausstopfen.

5 Übertrage den Kopf auf hautfarbenen Fotokarton, schneide ihn aus, male ein Gesicht auf und klebe dem Schaf drei Wattekügelchen auf die Stirn.

Jetzt kannst du den Kopf an die Rolle kleben.

Forme zuletzt den Schwanz aus Watte, klebe ihn am Ende der Rolle an und schon ist dein Schäfchen fertig!

„Nanu? Dahinten steht ja noch ein Stall! Wer lebt denn da? Das muss ich mir mal genauer ansehen!"

Mit Pony Conny im Galopp

„Hey, bleib doch mal stehen! Ich bin nicht so fix wie du!", ruft Fips ganz außer Atem. „Meinst du mich?", schnaubt das Pony Conny verwundert. „Puh, ja!" Endlich hat Fips das Pony eingeholt. Bevor er weiterredet muss er erst mal tief Luft holen. „Sag mal, wohnst du da hinten im Stall?"

Pferd oder Pony?

Pferde und Ponys unterscheiden sich nur in ihrer Größe. Ein Pony ist kleiner als 1,48 Meter. Das ist etwa so hoch wie ein kleines Auto. Alle Tiere die größer als 1,48 Meter sind, werden Pferd genannt. Gemessen wird die Größe vom Widderist aus. So heißt der Übergang zwischen Hals und Rücken. Beugt das Tier seinen Kopf, ist der Widderist seine höchste Stelle. Wie bei den Pferden gibt es übrigens auch bei den Ponys viele verschiedene Rassen!

Sind Ponys regenscheu?

Die meisten Ponys bleiben das ganze Jahr über auf der Weide. Wenn es kalt wird, wächst ihnen ein dickes Winterfell. Das hält prima Wind und Regen ab. Ihre Haut darunter bleibt warm und trocken. Nur wenn es zu heiß ist oder das Wetter allzu ungemütlich wird, suchen sie in einem Unterstand Schutz. Manche Pferderassen sind da empfindlicher. Sie leben meist im Stall. Nur bei gutem Wetter kommen sie nach draußen auf die Weide.

Pony statt Auto?

Früher halfen die Ponys den Menschen bei der Arbeit. Sie trugen schwere Lasten und zogen vollgeladene Wagen. Als es noch keine Autos gab, waren sie außerdem wichtige Transportmittel. Heute reiten die meisten Menschen nur noch zu ihrem Vergnügen. Und natürlich gibt es auch Ponywettkämpfe: Wie die großen Pferde starten sie mit ihren Reitern bei Spring- oder Dressurturnieren.

So bastelst du Conny, das Pony!

Ponys können ganz verschieden aussehen. Und auch die Fellfarben unterscheiden sich. Es gibt braune, weiße, schwarze oder gefleckte Tiere. Auf der nächsten Seite kannst du dir selbst ein Pony basteln. Die Farbe kannst du dir natürlich aussuchen!

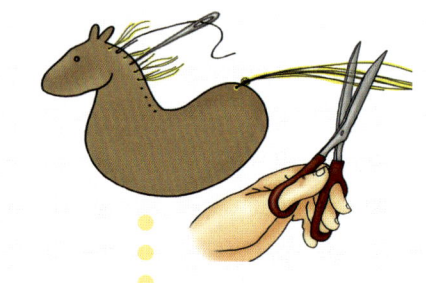

Bastel dir ein freches Pony …

… und wenn du magst, eine ganze Herde!

Material:
- Fotokartonrest, 15 cm breit, 10 cm lang
- Wollreste
- 2 Wäscheklammern
- Nähnadel mit großem Öhr
- Filzstifte oder Buntstifte

Die Vorlagen findest du auf Seite 46.

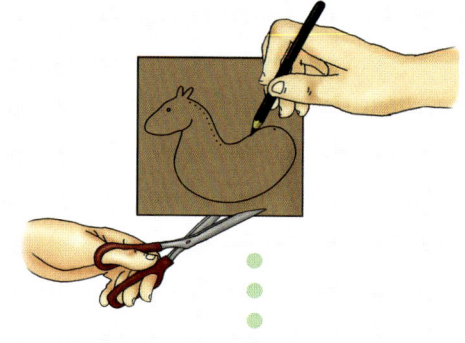

1 Übertrage das Pony mit Bleistift auf Fotokarton und schneide es aus.

2 Fädle Wolle auf die Nadel. Stecke die Nadel durch das vorgezeichnete Loch und schneide die Wolle so ab, dass zwei gleich lange Wollfäden entstehen.

Nimm immer zwei Fäden zusammen und mache einen Knoten. Wenn alle Fäden zusammengeknotet sind, kannst du Mähne und Schweif gleich lang schneiden.

3 Ziehe die Wollfäden zu einzelnen Fäden auseinander.

TIPP Die Holzwäscheklammern kannst du übrigens mit Acrylfarbe noch in der gewünschten Farbe anmalen.

4 Male das Gesicht auf, klemme die Wäscheklammern ⬤ ⬤ ⬤ ⬤ ⬤ ⬤ unten an den Bauch und schon kannst du mit deinem Pony spielen.

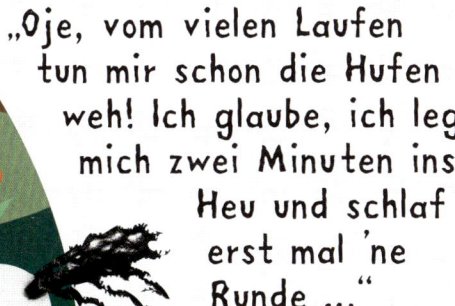

„Oje, vom vielen Laufen tun mir schon die Hufen weh! Ich glaube, ich leg mich zwei Minuten ins Heu und schlaf erst mal 'ne Runde ..."

31

Ein Bauer hat viel zu tun!

„Da haben wir ja den Ausreißer!" Bauer Bolke ist erleichtert. Endlich hat er Fips gefunden! Noch ganz verschlafen reibt das kleine Ferkel sich die Augen und schaut zu Bauer Bolke hoch. „Na, komm! Ich fahr dich auf meinem Traktor nach Hause. Deine Mutter vermisst dich nämlich schon! Und ich muss heute auch noch etwas anderes tun als Ferkel suchen!"

Was tut Bauer Bolke den ganzen Tag?

Bauer Bolke muss früh aufstehen, denn er hat eine Menge zu tun: Jeden Tag füttert er zuerst die Tiere. Dann mistet er die Ställe aus und achtet darauf,

dass alle genug Stroh haben. Ist keins mehr da, kümmert er sich um Nachschub aus der Scheune. Morgens und abends müssen außerdem die Kühe gemolken werden. Sind die Tiere auf der Weide, repariert der Bauer kaputte Maschinen, bessert Ställe aus oder flickt löchrige Zäune.

Was passiert auf Feld und Acker?

Damit auf den Feldern etwas wächst, muss der harte Boden gelockert werden. Das macht der Bauer mit einem Pflug. Dann sät er Körner aus, aus denen Getreide wächst. Auch Kartoffeln, Rüben und Gemüse baut er an. Im Sommer ist Erntezeit. Mit dem Mähdrescher schneidet der Bauer die Getreidehalme.

Im Inneren der riesigen Maschine werden die Körner von den Halmen getrennt und in einem Auffangkorb gesammelt.

Warum braucht der Bauer einen Traktor?

Auf einem Bauernhof ist der Traktor ständig im Einsatz. Der starke Motor kann nämlich tonnenschwere Lasten bewegen: Riesige Anhänger voller Rüben oder Kartoffeln sind für ihn kein Problem! Auch die schweren Maschinen zieht er mühelos über die Felder. Die riesigen Räder sorgen dafür, dass das Fahrzeug nicht im matschigen Ackerboden versinkt. Ein normales Auto würde schnell steckenbleiben!

Ohne Traktor läuft bei Bauer Bolke nichts!

Möchtest Du Dir auch einen Traktor für Deinen Bauernhof basteln? Dann blätter einfach um. Auf der nächsten Seite kannst du sehen, wie das geht!

Bastel dir einen Traktor ...

... und seinen Fahrer!

Material Traktor und Bauer:
- Fotokartonreste in Rot, Hautfarbe, Grün, Gelb und Schwarz
- Musterklammer, 3 cm lang
- Buntstift in Weiß
- dünner Filzstift in Schwarz
- Filzstift in Blau

Die Vorlagen findest du auf Seite 46.

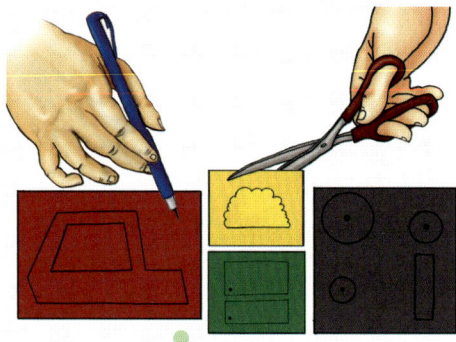

1 Übertrage den Traktor auf roten, die beiden Wagenteile auf grünen und das Korn auf gelben Fotokarton.

Übertrage die Räder und die Deichsel auf schwarzen Fotokarton. Schneide alle Teile aus.

TIPP Mit diesem Kippmechanismus kann man auch andere Fahrzeuge ausstatten, zum Beispiel Lastwagen oder Mähdrescher mit Anhänger.

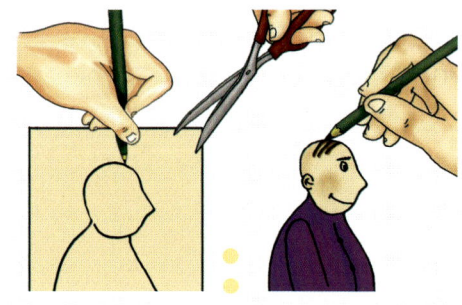

2 Übertrage den Bauer auf hautfarbenen Fotokarton und schneide ihn aus.

Jetzt kannst du ihm Gesicht, Haare und den Pullover aufmalen und ihn hinter den Traktor kleben.

3 Klebe am Traktor die Räder an und male jeweils einen weißen Punkt in die Rädermitte.

Klebe dann die Deichsel hinten an.

4 Klebe jetzt auch am grünen Anhänger (schmaleres Teil unten) die Räder an und male weiße Punkte in die Mitte. Klebe oben hinter das breitere grüne Teil das Korn an.

Achtung! Jetzt muss dir ein Erwachsener helfen. Mit einer spitzen Schere Löcher für die Musterklammer bohren.

Die Musterklammer zuerst durch das Teil mit dem Korn, dann durch das Teil mit den Rädern stecken. Die Klammer auf der Rückseite links und rechts auseinanderbiegen. An der Deichsel den Anhänger an den Traktor kleben.

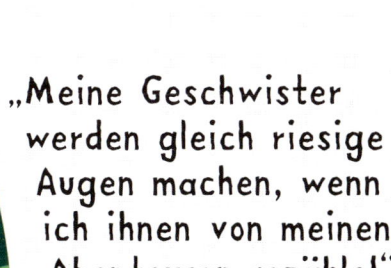

„Meine Geschwister werden gleich riesige Augen machen, wenn ich ihnen von meinen Abenteuern erzähle!"

Zurück im Schweinestall

„Hallo, da bin ich wieder!" Jetzt ist Fips doch froh, wieder zu Hause zu sein. „Das war ein toller Tag. Ich hab ganz viele Tiere getroffen und dann bin ich noch Traktor gefahren! Und jetzt hab ich saumäßigen Hunger!" Mutter Schwein lächelt. Endlich ist der kleine Ausreißer zurück!

Wer wohnt im Schweinestall?

Hausschweine gibt es fast überall auf der Welt. Es sind sehr neugierige Tiere und sie leben nicht gerne allein. Ein weibliches Schwein heißt Sau. Ein männliches Schwein nennt man Eber. Wenn ein Schwein sich wohl fühlt, grunzt es zufrieden.

Ist es aufgeregt oder hat es Angst, quiekt es laut. Mit seinem kleinen Rüssel kann ein Schwein sehr gut riechen und schnüffeln. Außerdem hat es ganz feine Ohren.

Macht ein Schlammbad sauber?

Schweine lieben es, sich im Schlamm zu wälzen. Doch sie sind alles andere als schmutzig! Für die Tiere ist das Schlammbad wie für uns eine frische Dusche. An warmen Tagen kühlt sie der feuchte Matsch ab. Außerdem reinigt er ihre Haut: Wenn der Dreck hart wird, reiben die Schweine ihn einfach ab. Und mit der hartgewordenen Kruste, werden sie auch Ungeziefer los. Eine saubere Sache!

Was essen Schweine am liebsten?

Schweine fressen gerne viel! Und sie mögen abwechslungsreiches Futter. Auf ihrem Speiseplan stehen Getreide, Kartoffeln, Rüben, Mais, Salat oder Brot. Auch Küchenabfälle futtern sie gerne. Tiere, die wie Schweine, viele verschiedene Sachen fressen, nennt man auch Allesfresser. Früher haben die Schweine ihr Futter selbst im Wald gesucht. Und noch heute wühlen sie gerne mit ihrer Schnauze im Boden, um etwas Essbares zu finden.

So bastelst du Fips und seine Familie!

Bei seiner Familie fühlt Fips sich einfach am wohlsten. Und mit seinen Geschwistern kann er prima spielen! Möchtest du Fips und seine Familie basteln? Kein Problem! Auf der nächsten Seite erfährst du, wie es geht!

Bastel dir Fips, das Ferkel ...

... und seine Familie!

Material Schwein:
- je 1 Styroporkugel, Durchmesser 5 cm und 6 cm
- 4 Wattekugeln, Durchmesser 2 cm
- Drehverschluss (Schnauze)

Material Ferkel:
- je 1 Styroporkugel, Durchmesser 3,5 cm und 5 cm
- 4 Wattekugeln, Durchmesser 1,5 cm

Material Schwein und Ferkel:
- Acrylfarbe in Rosa
- Chenilledraht in Rosa, pro Schwein 12 cm lang
- Bastelfilz in Rosa
- Stecknadeln
- Permanentmarker in Schwarz

Die Vorlagen findest du auf Seite 46.

2 Klebe den Kopf auf den Bauch und die Füße unter den Bauch. Damit die Kugeln besser halten, kannst du zusätzlich Stecknadeln einstecken.

Klebe die Schnauze auf.

1 Male alle Kugeln und den Drehverschluss rosa an. Lass alles gut trocknen und drücke dann den Bauch und den Kopf etwas platt.

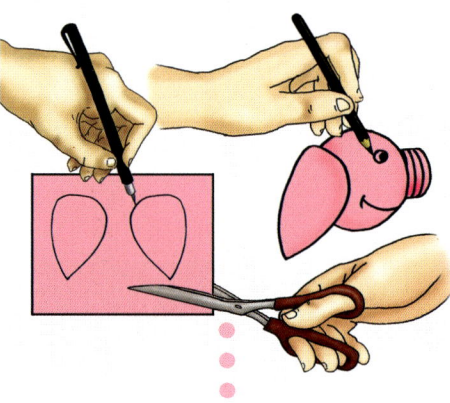

3 Übertrage die Ohren auf Filz, schneide sie aus und klebe sie an den Kopf.

Male Augen, Mund und Nasenlöcher mit einem schwarzen Permanentmarker auf.

4 Wickle für den Schwanz rosafarbenen Chenilledraht zweimal um den Zeigefinger.

Zupfe am Ende des Chenilledrahts den Flausch weg und stecke den Schwanz mit dem blanken Drahtende in die Kugel. Und jetzt gut aufpassen – sonst entwischt dir Fips, das Ferkel, zu seiner nächsten Entdeckertour!

• • • • • •

„Super, jetzt hab ich ja noch viel mehr Spielkameraden! Kommt ihr mit auf die Wiese?"

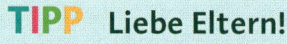

Das brauchst du zum Basteln

Dein Werkzeug:

- Schere
- Bleistift
- Radiergummi
- Spitzer
- Lineal
- Pinsel
- Klebstoff (Klebestift und flüssiger Klebstoff)
- Buntstifte
- Filzstift in Schwarz
- Tonpapier in verschiedenen Farben

Vorlagen übertragen –
so geht`s:
Du kannst alle Modelle
in diesem Buch selbst
malen. Wenn du aber
einige noch nicht selbst
hinbekommst, kannst du
die Vorlagen abpausen.

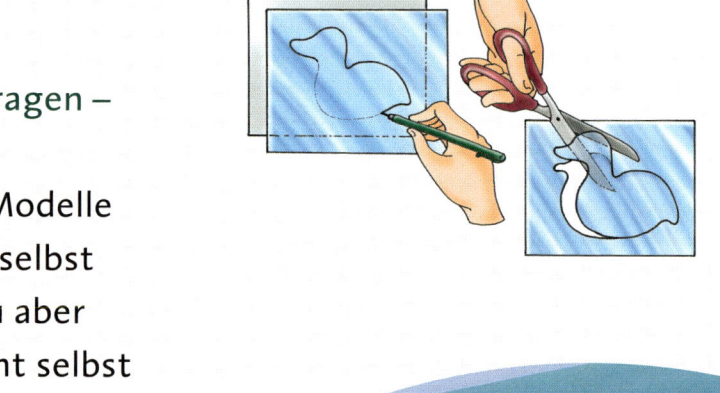

TIPP   Liebe Eltern!
Natürlich können auch
Sie die Schablonen anfertigen, bevor Ihr Kind bastelt. Dann kann Ihr Kind
gleich loslegen!

1 Nimm einen Bogen dünnes Malpapier oder auch Transparentpapier. Fahre die Linien der Vorlage einfach mit einem Bleistift nach und pause das Bild so ab.

Schneide das abgepauste Bild mit der Schere aus. Wenn du Transparentpapier verwendet hast, dann klebe es besser noch auf festen Karton.

2 Lege diese Schablone jetzt auf das Papier, mit dem du basteln willst. Umfahre ihre Ränder mit einem Bleistift. Du kannst dazu die Vorlage mit einem ablösbaren Klebepunkt auf dem Bastelpapier befestigen.

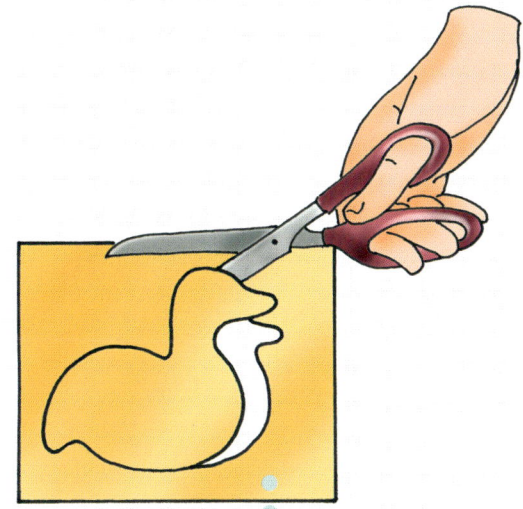

3 Schneide zuletzt das übertragene Objekt mit der Schere aus.

TIPP Du musst nicht immer farbiges Tonpapier nehmen, sondern kannst auch eines in Weiß aussuchen und es mit Buntstiften selbst bemalen.

41

Deine Vorlagen

Auf den folgenden Seiten findest du die Vorlagen für alle Bastelmodelle aus diesem Buch. Du kannst sie nach der Anleitung auf Seite 41 zu Schablonen verarbeiten. Wenn du möchtest, dann kannst du die Bauernhoftiere, Bauer Bolke und seinen Traktor auch größer kopieren und dann nachbasteln. Lass dir dabei von einem Erwachsenen helfen!

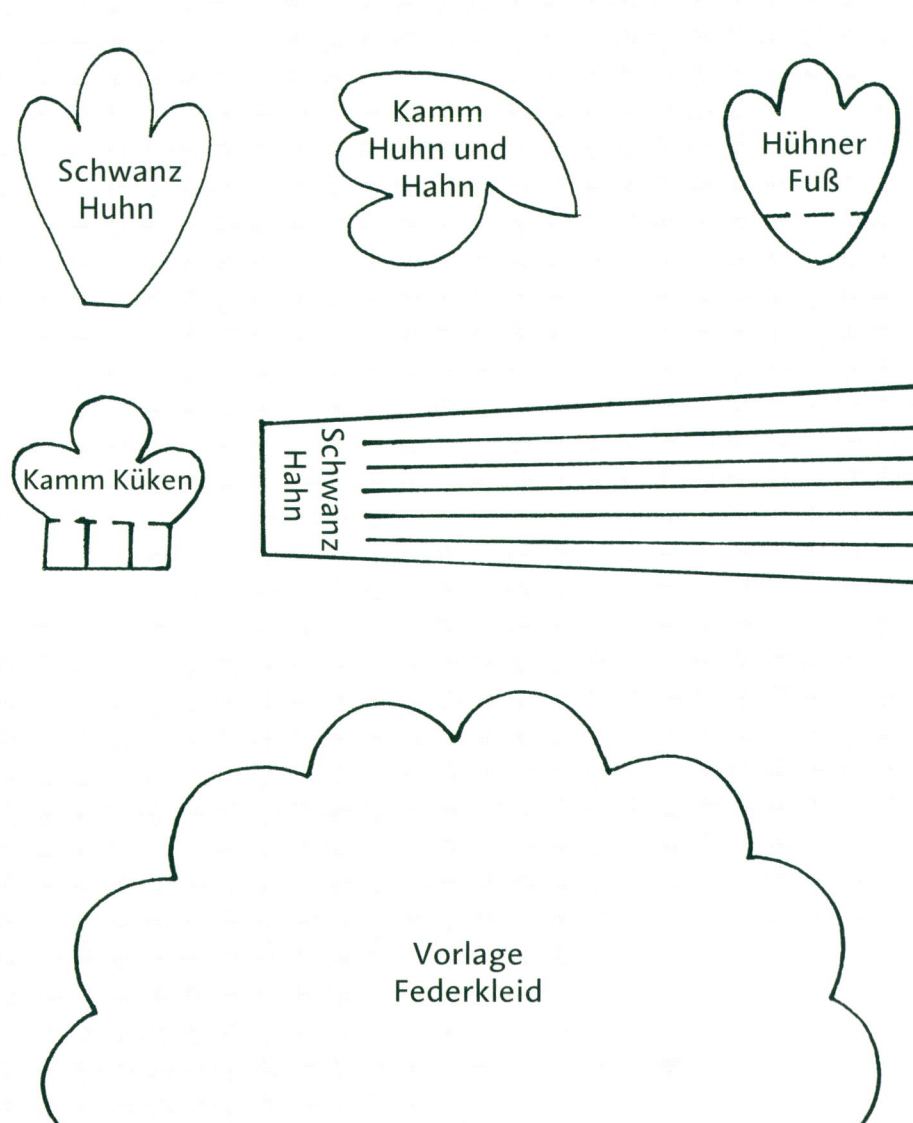

Schwanz Huhn

Kamm Huhn und Hahn

Hühner Fuß

Kamm Küken

Schwanz Hahn

Vorlage Federkleid

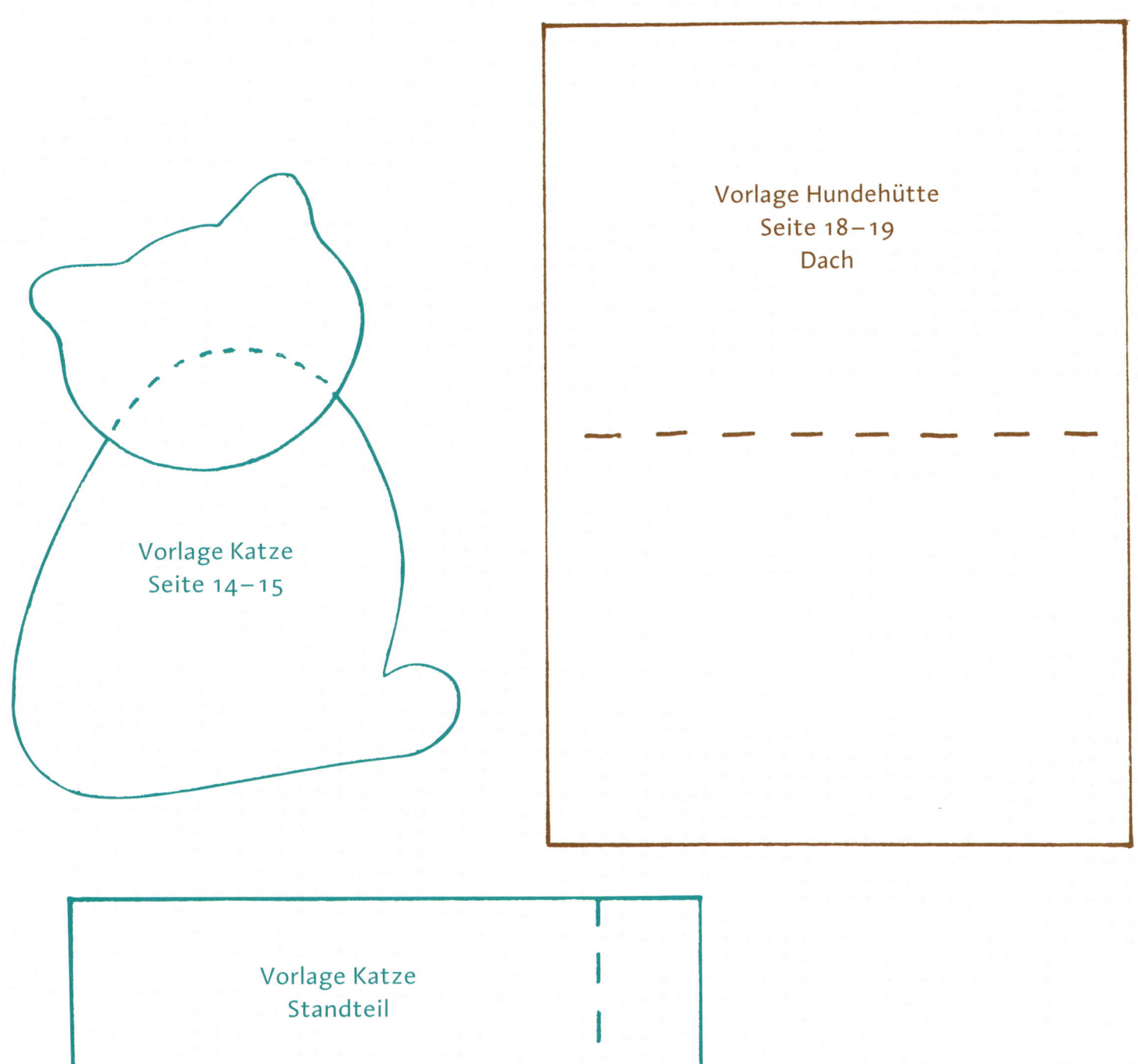

Vorlage Hundehütte
Seite 18–19
Dach

Vorlage Katze
Seite 14–15

Vorlage Katze
Standteil

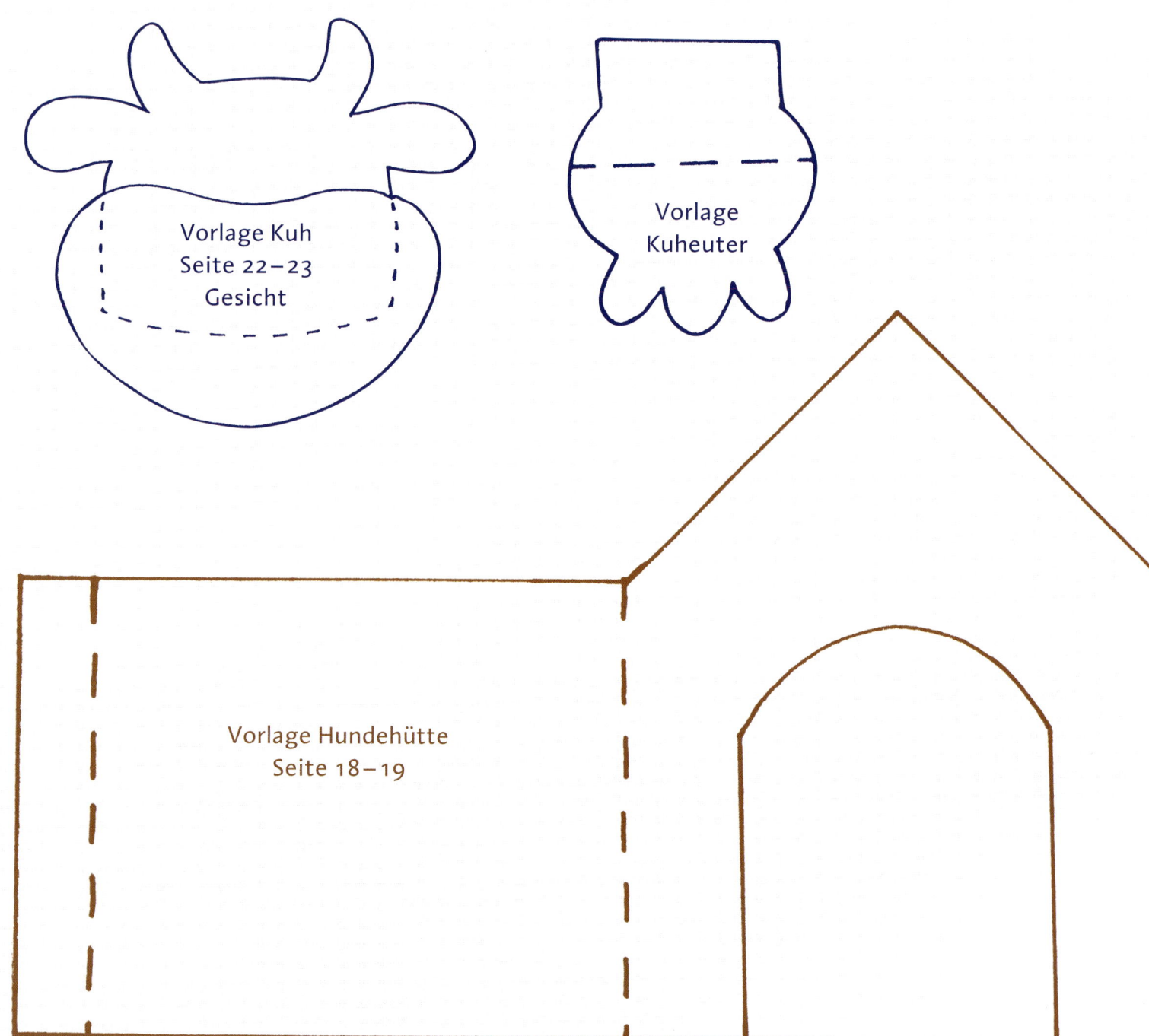

Vorlage Kuh
Seite 22–23
Gesicht

Vorlage
Kuheuter

Vorlage Hundehütte
Seite 18–19

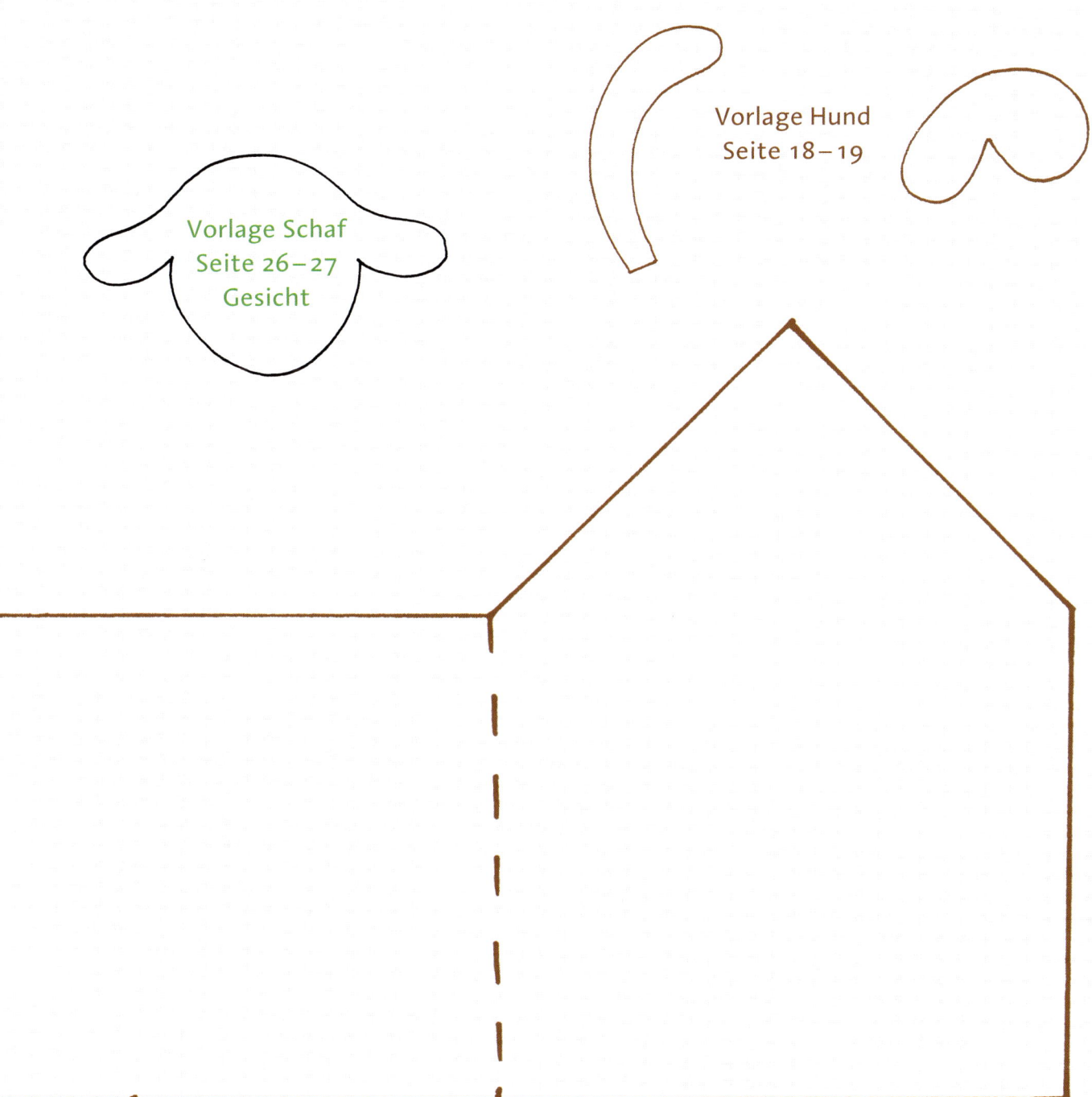

Vorlage Schaf
Seite 26–27
Gesicht

Vorlage Hund
Seite 18–19

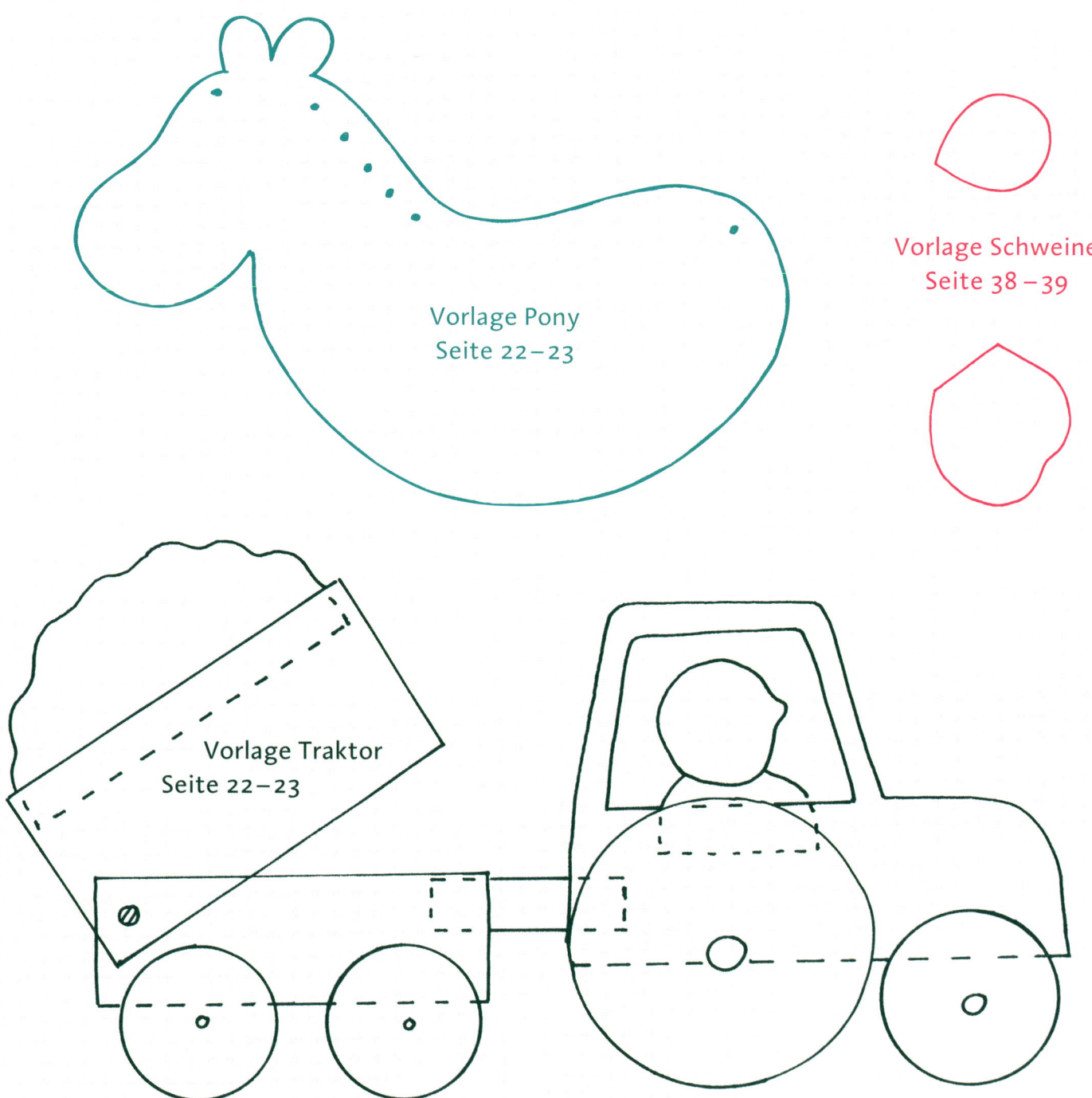

Vorlage Pony
Seite 22 – 23

Vorlage Schweine
Seite 38 – 39

Vorlage Traktor
Seite 22 – 23

Quizauflösung

Mit deinem TING-Stift kannst du testen, ob du richtig getippt hast. Halte ihn dazu einfach auf die Lösung, die deiner Meinung nach stimmt, und er verrät dir, ob du richtig liegst.

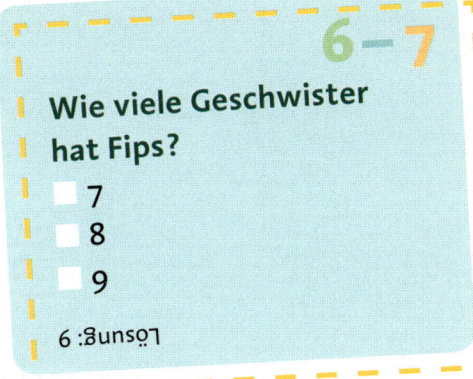

6 – 7

Wie viele Geschwister hat Fips?
- [ ] 7
- [ ] 8
- [ ] 9

Lösung: 9

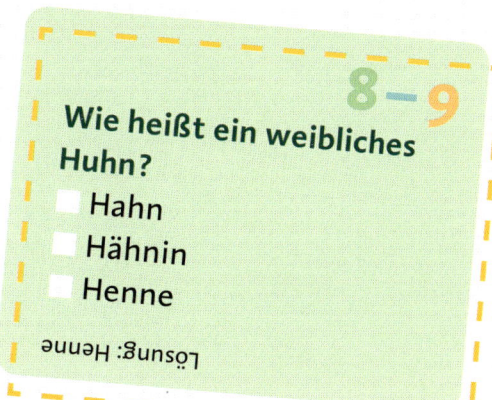

8 – 9

Wie heißt ein weibliches Huhn?
- [ ] Hahn
- [ ] Hähnin
- [ ] Henne

Lösung: Henne

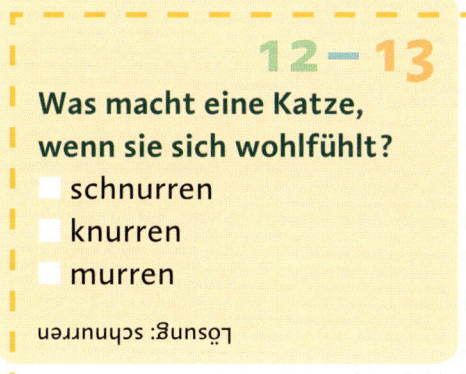

12 – 13

Was macht eine Katze, wenn sie sich wohlfühlt?
- [ ] schnurren
- [ ] knurren
- [ ] murren

Lösung: schnurren

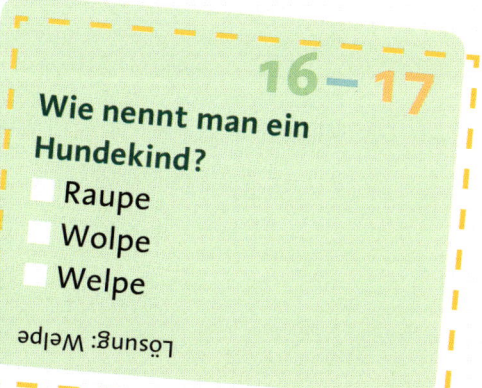

16 – 17

Wie nennt man ein Hundekind?
- [ ] Raupe
- [ ] Wolpe
- [ ] Welpe

Lösung: Welpe

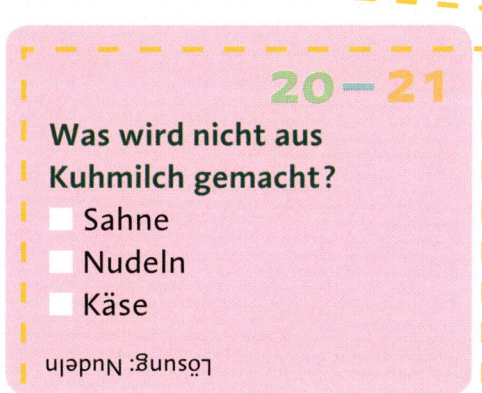

20 – 21

Was wird nicht aus Kuhmilch gemacht?
- [ ] Sahne
- [ ] Nudeln
- [ ] Käse

Lösung: Nudeln

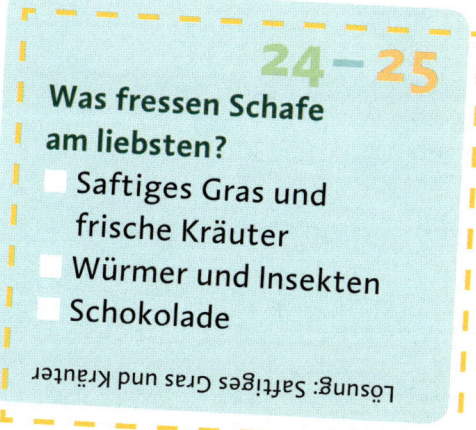

24 – 25

Was fressen Schafe am liebsten?
- [ ] Saftiges Gras und frische Kräuter
- [ ] Würmer und Insekten
- [ ] Schokolade

Lösung: Saftiges Gras und Kräuter

28 – 29

Wie heißt der Fußteil über dem Pferdehuf?
- [ ] Stulpe
- [ ] Fessel
- [ ] Stiefel

Lösung: Fessel

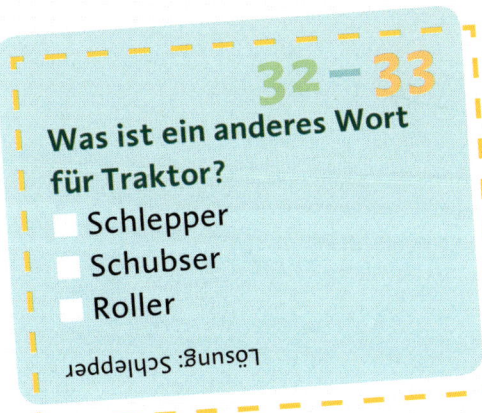

32 – 33

Was ist ein anderes Wort für Traktor?
- [ ] Schlepper
- [ ] Schubser
- [ ] Roller

Lösung: Schlepper

36 – 37

Wie nennt man die Haare von Schweinen?
- [ ] Wolle
- [ ] Borsten
- [ ] Matte

Lösung: Borsten

Erlebe noch mehr Bastelabenteuer mit unseren sprechenden Büchern und TING

Ein Buch für kleine Prinzessinnen und solche, die es werden wollen: 48 Seiten voller märchenhafter Bastelideen und einem sprechenden Spieleposter für zauberhaften Spielespaß.

TOPP 5737
ISBN 978-3-7724-5737-1

IMPRESSUM

ILLUSTRATION: Christine Bietz
ARBEITSSKIZZEN: inuitext, außer Seite 41: Ursula Schwab
FOTOS: frechverlag GmbH, 70499 Stuttgart;
Fotostudio Ullrich & Co., Renningen
MODELLE: Eva Sommer
TEXT UND LEKTORAT: Andrea Essers
SPRACHAUFNAHMEN: STEP Advertainment, Esslingen
LEITUNG PRODUKTMANAGEMENT: Caroline Lerch
GESTALTUNG: Petra Bachmann, Weinheim
DRUCK UND BINDUNG: Himmer AG, Augsburg

1. Auflage 2011   PRINTED IN GERMANY

© 2011 frechverlag GmbH, 70499 Stuttgart

ISBN 978-3-7724-5736-4 • Best.-Nr. 5736

So funktioniert dein sprechendes Spieleposter:

Spielvorbereitung:
Das Spiel ist geeignet für 2 und mehr Mitspieler. Alles was ihr braucht, sind 1 TING-Stift, das Spieleposter in eurem Buch und pro Spieler 1 Spielfigur, die ihr sicher zuhause irgendwo greifbar habt. Dazu noch Malstifte und Papier. Zur Dekoration könnt ihr natürlich eure gebastelten Modelle auf das Poster stellen. Dann macht das Spielen noch mehr Spaß!

Spielverlauf:
Alle Spielfiguren stehen auf dem Startfeld. Das Los entscheidet, wer beginnt. Der erste Spieler tippt mit dem TING-Stift auf das Startfeld und folgt der Spielanweisung. Der TING-Stift ist quasi euer Würfel. Er sagt euch, was ihr tun müsst, wenn ihr an der Reihe seid. Nach dem ersten Spieler sind nacheinander alle weiteren Spieler im Uhrzeigersinn dran und so fort bis der erste Spieler das Zielfeld erreicht hat.

Spielfelder:
Es gibt bei diesem Spiel zwei verschiedene Arten von Spielfeldern:
Die kleineren gelben sind Aktionsfelder. Hier sagt euch euer TING-Stift, ob ihr vorrücken dürft oder vielleicht aussetzen oder zurückgehen müsst. Pro Spielfeld sind übrigens verschiedene Spielanweisungen versteckt. Je nachdem, auf welche Stelle ihr mit eurem TING-Stift tippt, könnt ihr hier also verschiedene Aufforderungen aufrufen. Die Aufforderung, die ihr zuerst hört, wenn ihr an der Reihe seid, gilt!

Die größeren blauen Felder sind Ereignisfelder. Hier könnt ihr so richtig aktiv werden. Euer TING-Stift wird euch sagen, ob ihr z.B. einen Tierlaut nachmachen, etwas malen oder etwas erraten sollt. Erst wenn ihr euren „Aktivauftrag" ausgeführt habt, dürft ihr weiter rücken. Je nachdem wie knifflig die Aufgabe ist, sind das mehr oder weniger Felder. Euer TING-Stift sagt euch genau, um wieviele Felder es für euch weitergeht.

Wer schafft es als Erster ins Ziel?

Also, jetzt nichts wie den Stift in die Hand und losgespielt! Viel Spaß!